Und so geht's:

Das Beispiel auf dieser Seite zeigt, wie du mit miniLÜK spielst. Diese Übung findest du auf Seite 2 und 3.

Öffne das miniLÜK®-Kontrollgerät und lege den durchsichtigen Boden auf die untere Übungsseite deines miniLÜK-Heftes.

Nimm Plättchen 1. und sieh dir Aufgabe 1. an.

Diese ist gelb und markiert drei Schäfchen. Auf der unteren Seite in Feld 3 findest du die Ziffer 3 auf gelbem Grund.
Lege Plättchen 1. auf Feld 3.

So spielst du weiter, bis alle 12 Plättchen auf dem durchsichtigen Teil des Kontrollgerätes liegen und keine Bilder mehr zu sehen sind.

Dann schließt du das Kontrollgerät und drehst es um. Wenn du das bei der Übung abgebildete Muster siehst, hast du alles richtig gemacht.

Passen einige Plättchen nicht in das Muster, löst du diese Übungen noch einmal. Stimmt es jetzt?

Und nun viel Spaß!

Wie viele Tiere zählst du?

3

Extra: Von welchen Tieren zählst du die meisten?

 ...

 ...

 ...

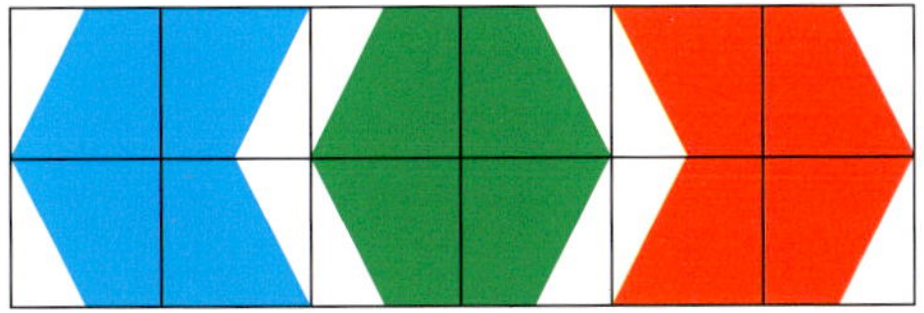

20	10	3	6	15	6
5	8	9	12	4	10

An welcher Stelle sitzt der große Kreis?

2

Extra: Wie viele Kreise mit Gesicht siehst du?

 ...

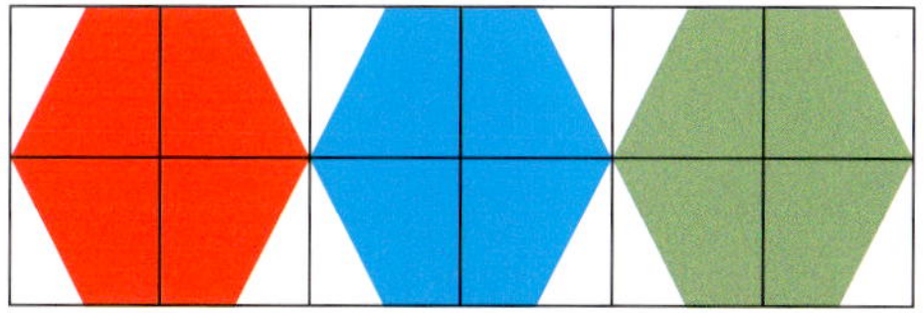

6	3	1	3	2	4
5	2	8	4	3	5

Welche Zahl fehlt in der Reihe?

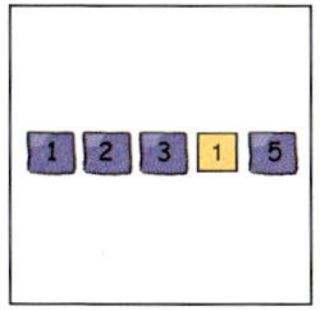

4

Extra: Wie viele von den farbigen Kästchen zählst du?

3 … | 9 … | 8 … | 12 …

12	7	15	5	9	6
8	10	3	4	11	18

Wie teuer war das Geschenk?

3

Extra: Wie viele 1-Euro-Münzen zählst du?

...

9	9	5	3	6	6
7	6	8	3	4	4

Zähle die Augen der beiden Würfel zusammen.

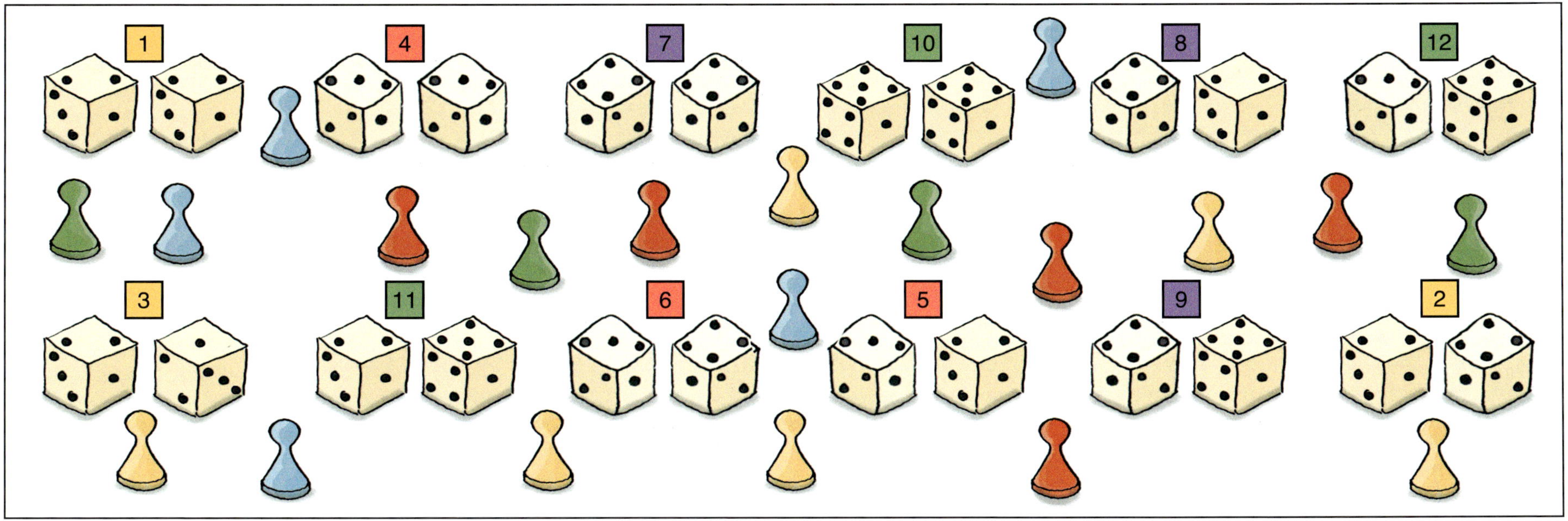

4

Extra: Wie viele Spielfiguren siehst du?

 ...

 ...

 ...

 ...

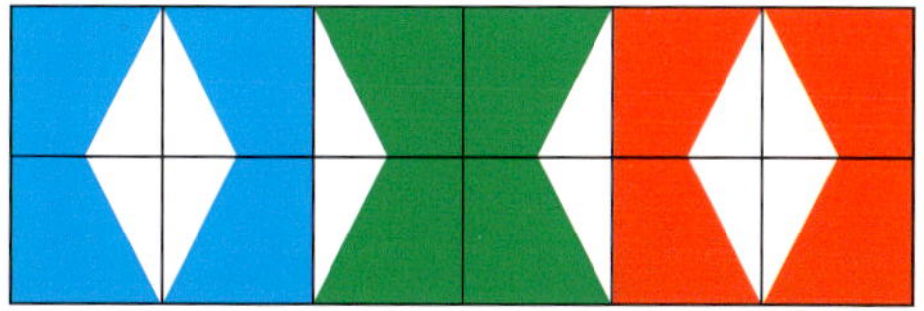

8	6	10	8	5	7
7	6	4	6	3	9

Welche Zahl hast du gewürfelt? Die Antwort gibt dir die Position der Spielfiguren.

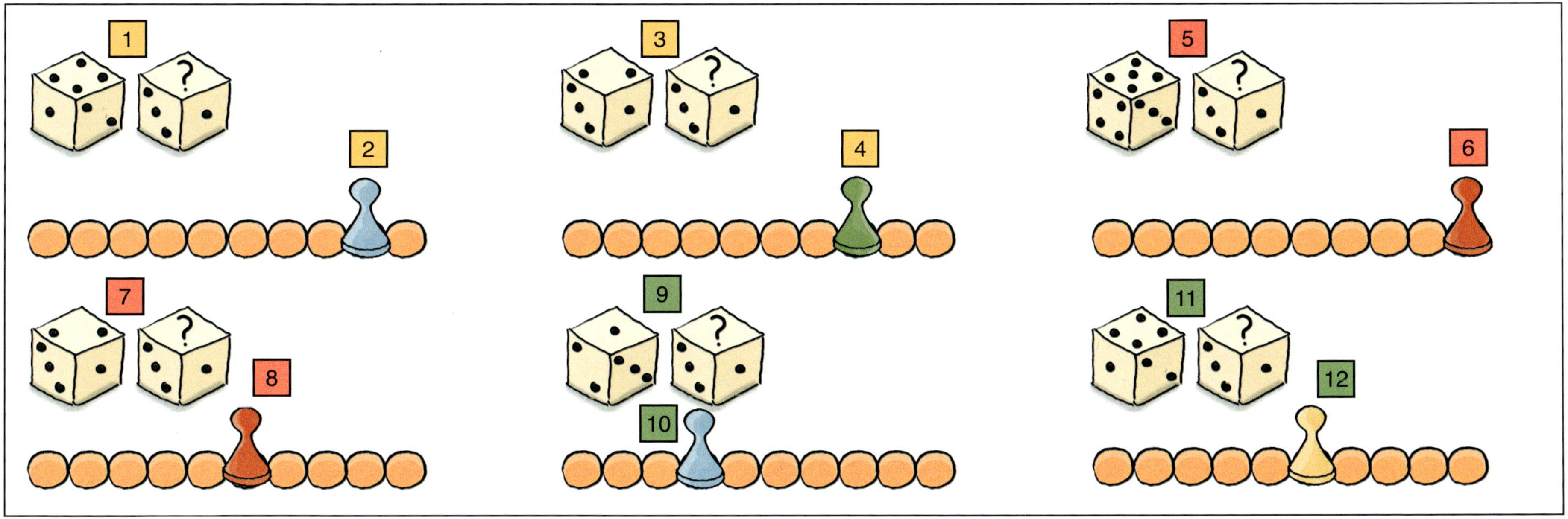

5

Extra: Welche Spielfigur ist am weitesten gekommen?

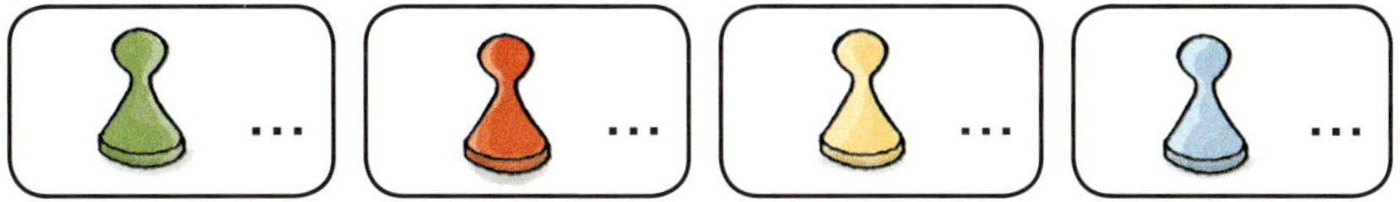

5	4	10	9	2	6
4	8	6	6	3	5

Stau! Wie viele Autos zählst du?

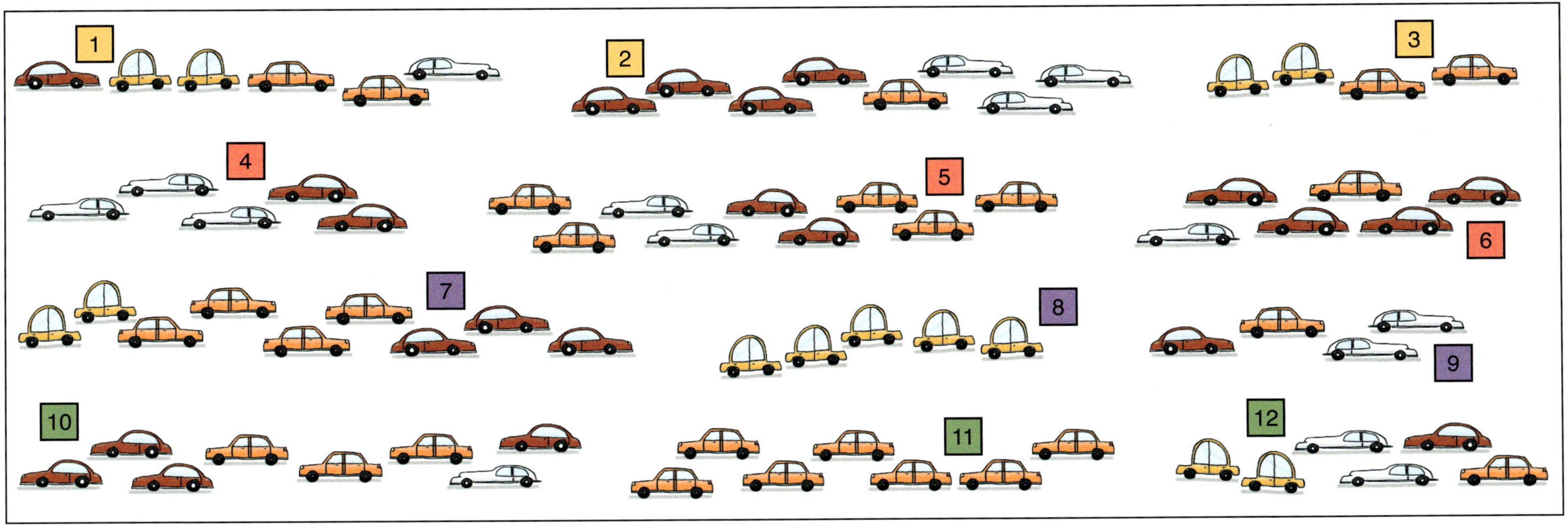

6

Extra: Wie viele Autos siehst du?

8	6	6	5	4	4
5	6	8	9	7	9

Auf dem Parkplatz. Wie viele Autos parken hier? Und wie viele hätten noch Platz?

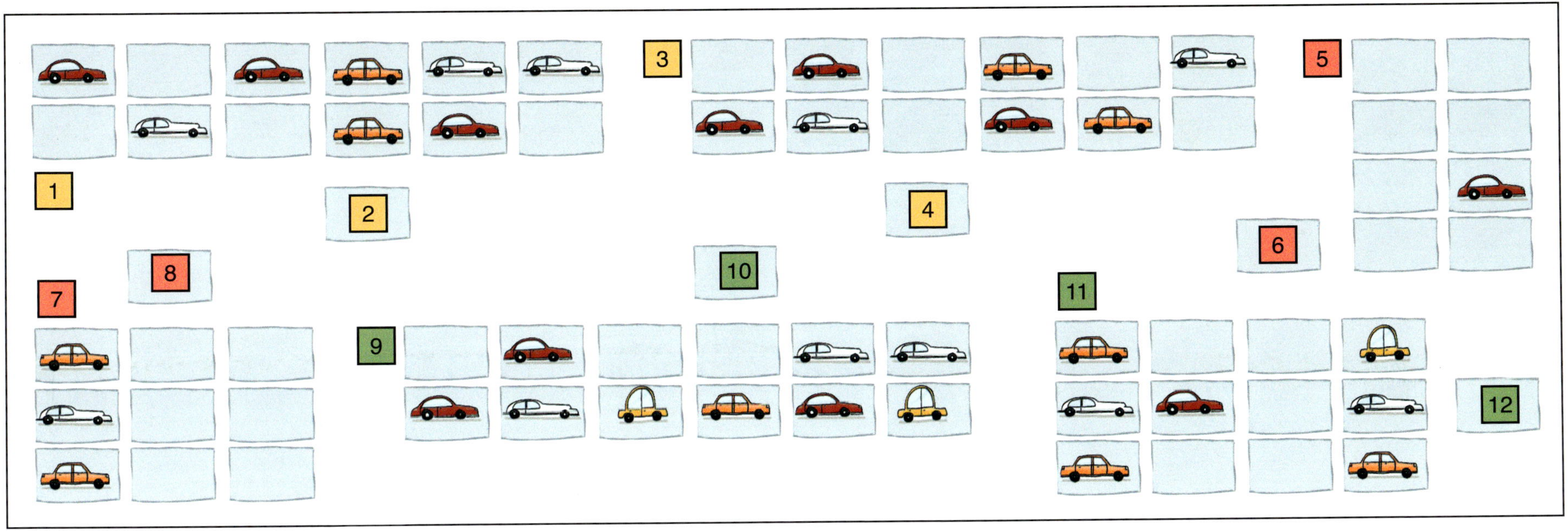

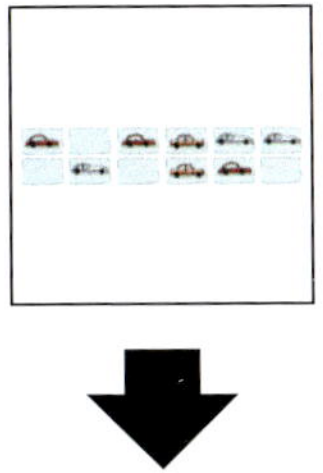

8

Extra: Zähle die Autos, wie viele sind es?

 …
 …
 …
 …

7	6	5	8	1	9
5	4	3	3	7	7

Zähle die Kaninchen und die Möhren!

10

Extra: Wie viele Kaninchen und wie viele Möhren siehst du?

 ...

 ...

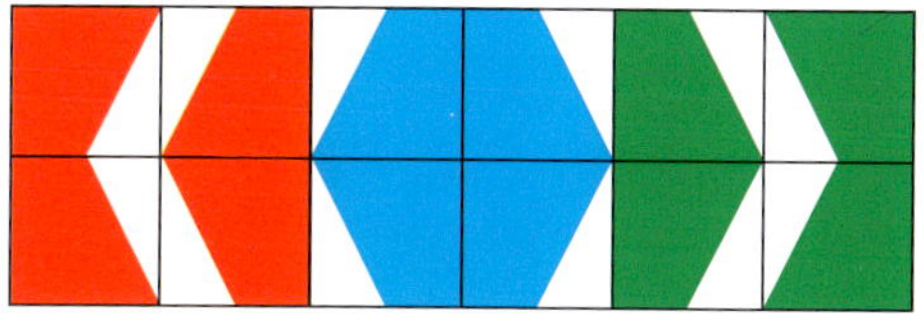

7	9	6	4	12	4
8	12	10	10	6	10

Wie viele Euros fehlen noch?

Extra: Wie viele Sparschweine zählst du?

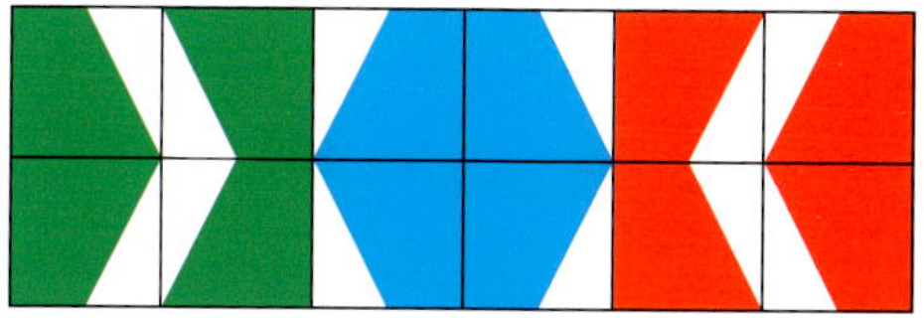

Im Schwimmbad. Zähle die Finger, Entchen und Bälle.

6

Extra: Wie viele Entchen und wie viele Bälle siehst du?

 ...

 ...

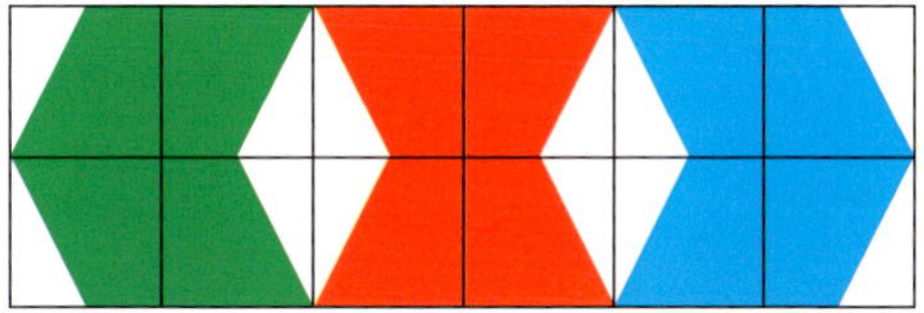

6	2	12	8	7	6
9	10	3	3	4	4

Wie viele Formen in der gleichen Farbe zählst du?

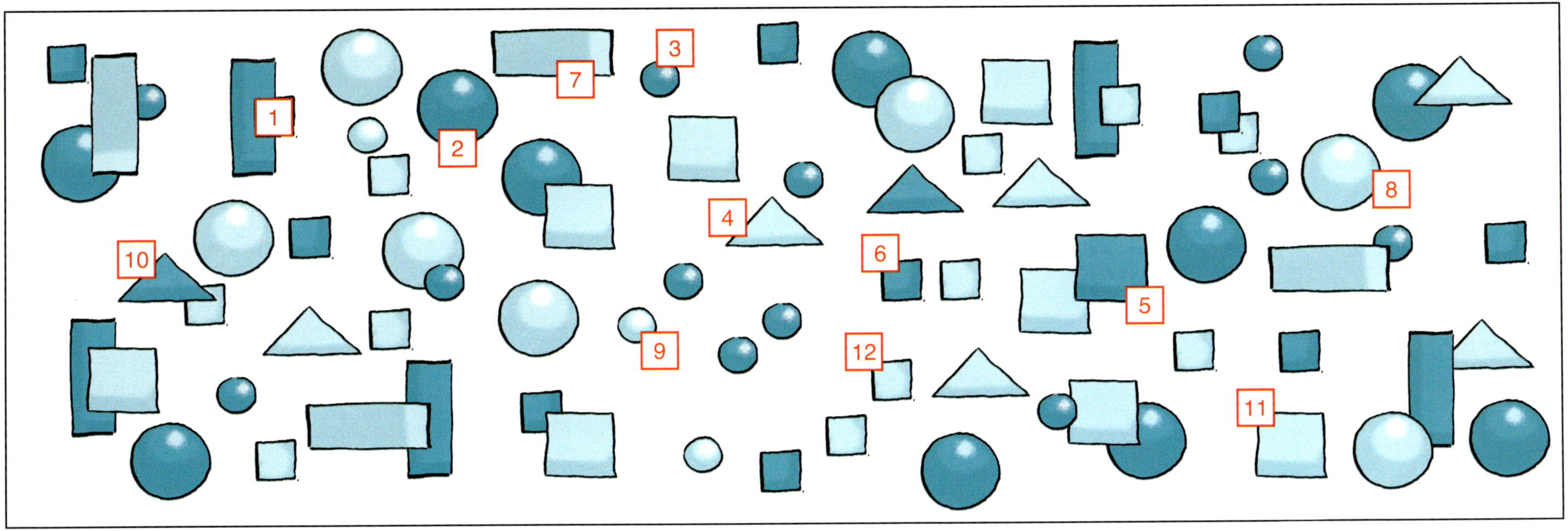

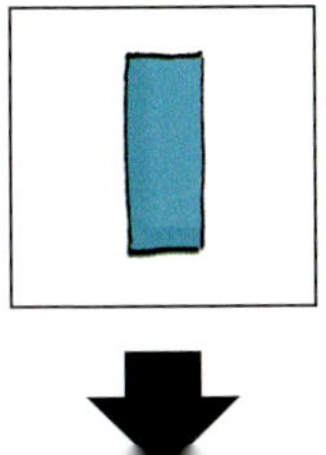